DU PARJURE

SOUS LOUIS XVIII,

SUIVI

DE QUELQUES OBSERVATIONS

SUR

LES ADRESSES,

PAR A. P. N. BIROTTEAU,

Avocat, ex-Membre de la Garde Nationale,

GARDE DU ROI,

L'un des Proscrits de la ville d'Aix.

Et nous sommes perdus s'il invoque les Dieux.
Crébillon. *Atrée et Thyeste.*

A AIX,

Chez Latige-d'Alby, Libraire, sur le Cours,

De l'Imprimerie de D. F. Chevalier.

AVEC AUTORISATION.

Juillet 1815.

Il n'y a d'exemplaires avoués, que ceux qui sont
signés par l'Auteur ou par l'Éditeur.

AVANT - PROPOS.

L'ÉTONNANTE facilité avec laquelle des hommes qui se prétendoient gens d'honneur et de vertu, ont violé le serment de fidélité qu'ils avoient prêté à Louis XVIII, a révolté mon âme, comme elle a soulevé l'indignation de la majorité des français. Je n'ai pu résister au besoin d'exhaler sur le papier l'horreur que m'a inspiré un si lâche parjure. J'ai pris la plume avant même que l'Europe coalisée une seconde fois pour défendre la plus sainte des causes, eut dépassé nos frontieres. Mon travail étoit fini que Buonaparte gouvernoit encore. Je l'avois lu à des amis fideles, qui ne me témoignerent qu'un regret, celui qu'il n'eut pas été rendu public avant l'époque où les infracteurs de la foi jurée ont donné au monde le plus dangereux comme le plus révoltant des scandales. Ces amis aimoient à se persuader que la lecture de cet ouvrage auroit pu retenir quelques coupables dans le devoir. Mais hélas ! le mal étoit fait lorsque je me déterminai à écrire. Ainsi, le seul fruit que j'espere en retirer aujourd'hui (et il faut le compter pour beaucoup), c'est de faire naître un remords salutaire dans l'âme des parjures qui en sont susceptibles, et sur-tout de prévenir le retour d'une pareille profanation.

Je suis loin d'avoir tout dit : des plumes plus exercées que la mienne, tireront un meilleur parti du même sujet, et creuseront plus avant dans la matiere.

Le style, ornement nécessaire des meilleurs ouvrages, et qui, seul, a souvent servi de passe-port aux plus mauvais pour le fond, n'est pas, j'en conviens, la partie la mieux soignée de cet écrit; je l'abandonne sans peine à la critique, n'ambitionnant d'autre suffrage que celui des amis du Roi.

Afin de prévenir les insinuations perfides de la malignité, je déclare que les coups que je porte aux parjures ne sont point dirigés contre tel ou tel autre d'entr'eux. J'écris pour la France entiere, et non pour une seule ville. En un mot, j'attaque la masse, sans songer aux individus.

DU PARJURE
SOUS LOUIS XVIII,
SUIVI
DE QUELQUES OBSERVATIONS
SUR
LES ADRESSES.

LE parjure fut de tous les temps et en tout pays regardé comme un crime abominable devant Dieu et devant les hommes. Il étoit principalement en horreur en France, où la religion du serment imprimoit à divers actes de sa vie un caractere sacré. Mais le serment qui lioit les sujets au Souverain, celui qui donnoit au Monarque la garantie de la fidélité du soldat, recevoient de leur importance une force tellement auguste, qu'il sembloit impossible, jusqu'à nos jours, d'en prévoir le déclin et moins encore l'anéantissement. Ce n'est, en effet, que dans ce siecle de perversité, que de prétendus sages ont appelé orgueilleusement *le siecle des lumieres*, que la France a donné au monde le scandale inouï de la profanation du serment. Ce n'est que dans

A

ce siecle impie , que la foi jurée a été ouvertement foulée aux pieds , que les engagements les plus saints ont été méconnus, que la trahison, levant sa tête hîdeuse , s'est effrontément promenée au milieu de nos légions; c'est dans ce siecle corrompu, que des Magistrats infideles , préférant l'or à l'honneur , et une dignité flétrissante à une retraite honorable , ont encensé de leurs mains vénales l'idole qu'ils avoient insultée la veille , et l'ont replacée sur le même autel où ils avoient prêté foi et hommage au plus clément comme au plus vertueux des Princes. C'est enfin dans ce siecle d'ingratitude, que des hommes (si pourtant des lâches méritent ce nom) qui rougiroient , sans doute , de manquer à leur parole envers le plus obscur de leurs semblables , se sont fait un jeu de celle qu'ils avoient donnée à l'héritier de soixante-six Rois , sans que les bienfaits dont il s'étoit plu à les accabler , sans que les postes brillants auxquels il les avoit élevés , sans que la confiance qu'il leur avoit donnée , aient du moins comprimé leur bouche , puisqu'ils n'avoient pu attacher leur cœur. Une pareille dépravation seroit inexplicable , si nous ne savions jusqu'à quel degré d'avilissement peut descendre l'être aveuglé qui a secoué le joug de la religion , qui a mis en problême l'existence de Dieu , qui ne voit dans les principes immuables de la vertu et dans les regles éternelles de la

(3)

morale, qu'un asservissement ridicule contre lequel
son orgueuil se révolte, et qui s'est fait une conscience selon ses besoins, ses passions et son intérêt.
Toutefois ils ont beau s'étourdir sur l'infamie de
leur conduite : le mépris de leurs contemporains
que la contagion n'a point gagnés, commence
déja leur supplice, et l'histoire qui les atteindra
vouera leur nom et leur parjure à l'exécration de
la postérité. Mettons leur honte à découvert, et
qu'ils lisent dans ces lignes accusatrices l'arrêt de
réprobation que la justice divine et humaine pro-
noncent contr'eux.

L'usage du serment fut inconnu aux premiers
hommes. La bonne foi qui régnoit dans leurs
engagements, les dispensoit de ce surcroît de
garantie que le mensonge et la perfidie leur
rendirent enfin nécessaire, lorsque, divisés par
l'intérêt personnel, ils durent se précautionner les
uns contre les autres. Les simples promesses auroient été trop foibles : on inventa le serment ;
et pour lui donner plus de force, on le marqua
du sceau de la religion, dans l'espérance que celui
qui ne craindroit pas d'être infidele, redouteroit
d'être impie. Cette distinction, je l'avoue, n'auroit
point été faite dans ce siecle où l'infidélitè et
l'irréligion marchent d'un pas égal. Mais il n'en
étoit pas ainsi dans les premiers âges du monde,
même lorsque les mœurs commencerent à s'altérer;

car, malgré que, par le serment, ce ne soit qu'envers l'homme que l'on s'engage, on savoit néanmoins que, dans cet acte solemnel, Dieu étoit pris à témoin de l'engagement que l'on contractoit, et que l'on se soumettoit aux effets de sa vengeance, si l'on venoit à violer la promesse qu'on avoit faite. L'histoire sacrée et profane offre par conséquent peu d'exemples de la violation du serment, tandis qu'elle a consigné dans ses pages plusieurs traits d'une fidélité admirable, poussée souvent jusqu'au scrupule.

Les Gabaonistes étoient du nombre des peuples infideles de la palestine que Dieu avoit commandé aux Israëlites d'exterminer sans miséricorde. Ils allerent trouver Josué et les principaux du peuple d'Israël, pour traiter de la paix. On leur déclara que s'ils étoient du nombre de ces peuples proscrits, il étoit impossible de leur accorder la paix qu'ils demandoient. Ils assurerent Josué qu'ils n'en étoient pas, sur quoi ce chef du peuple de Dieu et les membres de son conseil leur promirent la paix et la vie sauve avec serment ; et après qu'ils eurent reconnu que ces Gabaonistes les avoient trompés, ils jugerent néanmoins qu'ils étoient obligés à garder leur serment, tout fondé qu'il étoit sur un mensonge manifeste.

Ainsi Saül voulut faire mourir son fils Jonathas pour avoir violé la défense qu'il avoit faite avec serment, quoique ce fils malheureux n'eut failli que par ignorance.

Je sais que pour la plupart des moralistes modernes, le peuple Juif que Voltaire leur a appris à mépriser, n'est pas une autorité fort recommandable. Vainement encore leur divin Législateur aura-t-il établi cette défense : *non perjurabis in nomine meo, nec pollues nomen Dei tui* (1). Saint-Augustin, sans faire aucune distinction entre une matiere légere et une matiere importante, les assurera-t-il que tout parjure est un grand crime (2); Saint-Thomas leur prêchera-t-il la même doctrine; le 8.ᵉ canon du 16.ᵉ Concile de Tolede anathématisera-t-il celui qui, en violant son serment profane ce qu'il doit à son Roi et Seigneur (3); nos Casuistes parjures qui ne croient ni à Dieu, ni à ses Saints, ni aux Conciles, ne seront point épouvantés de ces anathêmes. Mais peut-être qu'is tiendront meilleur compte de la morale des Grecs et des Romains, qu'ils opposent avec complaisance aux maximes du Christianisme. Disons - leur donc, aux infracteurs de la foi promise, que la morale des anciens sur le serment étoit aussi sévere que

---

(1) Levit. 19.

(2) Perjurium peccatum esse et grande peccatum nemo dubitat. S. Aug., epist. 180. Aliàs 28, de verbis Apost., init.

(3) Si quis Laïcus juramentum violando, profanat quod Regi et Domino suo jurat, anathema sit.

celle du peuple Juif et de l'Évêque d'Hippone. Ils tenoient en effet pour certain qu'aucune raison ne pouvoit dégager celui qui avoit contracté cet engagement, non pas même la surprise, ni l'infidélité d'autrui, ni le dommage causé par l'observation du serment. Apprenons-leur que les parjures étoient regardés comme des hommes détestables, et que les peines établies contr'eux n'alloient pas moins qu'à l'infamie et à la mort. Qu'ils écoutent Agésilas, satisfait de ce que les *Barbares* ne se faisoient point scrupule d'enfreindre la religion des serments, s'écrier avec autant de piété que de noblesse : *Bon, bon, ces infracteurs nous donnent des Dieux et des alliés pour seconds !* Quant à ceux qui croiroient échapper au blâme, en alléguant ou des équivoques dans les termes, ou des restrictions dans la pensée, qu'ils jugent de la frivolité de leur excuse par ce passage tiré de la vie d'Euripide. Ce célèbre tragique introduit Hypolite dans la tragédie de ce nom, armé d'une distinction sur la religion du serment. Le Poëte lui fait dire, quand on lui remet son serment en mémoire, cette maxime subversive de la foi donnée :

» J'ai juré de la langue et non pas de l'esprit ».

Hygiænon qui ne put souffrir ce vers, fit un procès d'impiété à Euripide comme à un protecteur du parjure. Et voilà justement le sophisme, ou plutôt la trahison des réticences mentales, s'écrie le fameux Bayle qui rapporte ce trait. La maxime d'Euripide, ajoute-t-il, est très-mauvaise : il n'y a point de parjure que l'on ne pût excuser par-là.

J'aime bien mieux, tout effrontée qu'elle est, la bonne foi de ce Magistrat qui, cherchant à pallier son parjure et à excuser le serment qu'il venoit de prêter à l'Usurpateur, répondit à l'homme de bien qui improuvoit sa conduite : *J'ai mis la main sur mon gousset et non pas sur ma conscience.* Il y a du moins dans cet aveu ce qu'on peut appeler l'ingénuité du crime. La distinction de l'Hypolite d'Euripide me fait souvenir de la finesse d'un soldat romain qui, fait prisonnier par Annibal à la bataille de Cannes, fut envoyé au Sènat avec neuf de ses compagnons, pour retirer dix autres ptisonniers Carthaginois, et qui demeura à Rome malgré la promesse qu'il avoit faite de revenir dans le camp dont Annibal s'étoit rendu maître en cas que le Sénat refusât l'échange; il se pré-tendoit quitte de son serment, sur ce qu'après être sorti du camp, il y étoit rentré sous pré-texte de chercher quelque chose qu'il avoit feint d'avoir oublié. Aussi cet homme qui en savoit tant, observe Polybe, fut-il renvoyé chargé de chaînes à Annibal par le Sénat lui-même.

Mais pour mieux se convaincre de la sainteté du serment et des excès que le parjure peut occasion, ner , il suffira d'ajouter que la violation du serment de la part d'un ami de Diagoras, entraîna ce Philosophe dans l'impiété. Il se plaisoit à faire des vers, nous apprend Hesychius-Illustrius , et il avoit composé un poême qu'un Poête lui déroba. Diagoras fit un procès au voleur. Celui-ci jura qu'il n'avoit rien dérobé, et peu de temps après il publia cet ouvrage qui lui acquit une grande réputation. Diagoras considérant que celui qui lui avoit fait du tort , non seulement n'avoit pas été puni de son vol et de son parjure , mais aussi qu'il en avoit tiré de la gloire , conclut qu'il n'y avoit ni providence ni divinités, et fit des livres pour le prouver. Diagoras raisona mal sans doute, et tira une conséquence impie d'un crime abominable. Les raisonneurs de ce siecle sont plus conséquents sans être moins criminels. Ils se sont rendus parjures parce qu'ils ne croyoient point à la divinité. Aussi ne renouveleront-ils pas l'exemple de Xénocrate, l'un des plus illustres Philosophes de l'ancienne Grece, qui s'acquit une si haute réputation de sincérité et de probité, qu'il fut le seul que les Magistrats d'Athenes dispenserent de confirmer son témoignage par le serment. On ne peut, il est vrai, recevoir un plus grand honneur que celui-là. Mais plus il éleve l'ame, et plus il doit faire rougir les apologistes du parjure.

Les Romains ne se montrerent pas moins religieux

que les Grecs envers la foi jurée. Personne n'ignore·
que la *fidélité* étoit une divinité respectable chez
ce peuple guerrier. Elle présidoit à la bonne foi
dans le commerce de la vie et à la sûreté des
promesses. Le serment qu'on fesoit par elle étoit
de tous les serments le plus inviolable. *Fidius* ,
le dieu de la bonne foi, qui présidoit comme la
fidélité à la sainteté des engagements, étoit également honoré par les Romains. On lui donnoit
pour compagnie l'*honneur* et la *vérité*. Il avoit
plusieurs temples dans Rome , comme il devroit
en avoir dans le cœur de tous les hommes.

Le serment eut tant de force chez le peuple
Romain , que rien ne l'attacha davantage aux lois.
Il fit bien des fois pour l'observer ce qu'il n'auroit
jamais fait pour la gloire ni pour la patrie.

Ici, l'histoire nous apprend que Quintius-
Cincinnatus , Consul , ayant voulu lever une armée
dans la ville contre les Eques et les Volsques ,
et les Tribuns s'étant opposés à son dessein :
eh bien ! dit-il , *que tous ceux qui ont fait ser-*
ment au Consul de l'année précédente marchent
sous mes enseignes. En vain les Tribuns s'écrierent-
ils qu'on n'étoit plus lié par ce serment ; que
quand on l'avoit fait , Quintius étoit un homme
privé : le peuple fut plus religieux que ceux qui
se mêloient de le conduire : il n'écouta ni les
destinctions ni les interprétations des Tribuns.

Là , elle nous dit que ce même peuple , voulant se retirer sur le Mont Sacré , se sentit retenir par le serment qu'il avoit fait aux Consuls de les suivre à la guerre. Il forma le dessein de les tuer. On lui fit entendre que le serment n'en subsisteroit pas moins ; et l'on peut juger de l'idée qu'il avoit de la violation du serment, par le crime qu'il vouloit commettre.

Enfin , pour ne pas trop multiplier les preuves d'une fidélité inaltérable parmi les Romains , nous ajouterons qu'après la bataille de Cannes, le peuple effrayé voulut se retirer en Sicile. Scipion lui fit jurer qu'il resteroit à Rome. La crainte de violer ce serment surmonta toute autre crainte. Rome, en effet , continue Montesquieu que je viens de copier, étoit un vaisseau retenu par deux ancres dans la tempête, la religion et les mœurs.

Telle n'est point la France dans ce siecle d'égoïsme, d'ambition, de bassesse, d'ingratitude, de perfidie et d'impiété. » Notre nation (c'est Montaigne qui parle, et l'on croiroit en le lisant qu'il a écrit en 1815) est de long-
» temps reprochée de ce vice (le mensonge)
» car Salvianus Massiliensis, qui étoit du temps
» de l'Empereur Valentinian, dit qu'aux Français
» le mentir et *se parjurer* n'est pas vice, mais
» une façon de parler. Qui voudroit enchérir sur

» ce témoignage , il pourroit dire que ce leur est
» à présent vertu. On s'y forme , on s'y façonne
» comme à un exercice d'honneur, car la dissimu-
» lation est des plus notables qualités de ce siecle».

Ce portrait de la nation française n'a rien
d'exagéré de nos jours , en le restreignant toutefois
dans de justes bornes. Comment ne s'y recon-
noitroient-ils pas trait pour trait, ces Conseillers
perfides du plus confiant des Rois, ces Grands qui
le caressoient pour le perdre avec plus de facilité,
ces Administrateurs pervers qui employoient la
portion d'autorité qu'il leur avoit confiée, à l'af-
foiblissement et à la ruine du pouvoir suprême,
ces Magistrats iniques qui ont fait un trafic honteux
de leur conscience, ces Chefs, ces soldats rebelles (1), qui ont ouvert la France à l'Usurpateur,
qui l'ont accueilli dans leurs rangs, et qui, tous,

------

(1) La justice et la vérité me commandent de dire que,
parmi les soldats qui ont levé l'étendard de la révolte, et
qui ont donné à la France le spectacle d'une *défection*
inconnue dans ses annales, il en est , et en grand nombre,
qui ne partageoient point les sentiments honteux de leurs
camarades. Il en est d'autres qui ont été poussés à la
rebéllion par leurs Officiers, qui leur persuadoient que
Buonaparte rentroit en France de l'aveu des Puissances en
paix avec lui. Les Officiers n'ont pas tous également trempé
dans la conspiration. J'en connois de très-dévoués au Roi,
et il est consolant pour un cœur vraiment français d'avoir
à faire cette remarque.

avoient solemnellement juré obéissance et fidélité à leur Souverain légitime, en prenant Dieu à témoin de la sincérité de leurs promesses? Ils sont TOUS des parjures, des hommes abominables devant Dieu, leurs contemporains et la postérité. Ils ont menti à l'Europe entiere, à la France qui les méprise, les désavoue et leur retire sa confiance.

Un homme qui a eu assez peu de religion que de faire un parjure, ne mérite plus aucune créance, et l'on peut présumer qu'il n'est pas moins disposé à en faire un second, qu'à faire un simple mensonge. *Ubi quis pejeravit, ei credi posteà, etiamsi plures Deos juret non opportet : quia qui semel à veritate deflexit, is non majore religione ad perjurium, quàm ad mendacium perduci consuevit* (1). Ce sont les termes de l'Orateur romain, qui, qnoique Païen, pensoit souvent comme un disciple de l'Évangile. J'ose croire, et les vrais amis de la Monarchie ont conçu la même espérance, que, pour l'honneur de la Nation, la sûreté du Trône et la satisfaction des gens de bien, le Roi fermera désormais les avenues de son palais et l'entrée à toutes les places aux infracteurs de la foi jurée. La religion outragée le commande, la morale l'exige, la politique le conseille et la justice l'approuve. LOUIS peut distinguer maintenant

---

(1) Cicero, orat. pro Roscio.

ses amis de ses ennemis. Le bon grain est séparé de l'ivraie, et l'épreuve est d'autant moins douteuse, qu'elle a été plus difficile.

Il est, sans contredit, un grand nombre de traîtres qui n'oseront pas même entreprendre de se justifier, tant leur déloyauté fut peu déguisée. Ceux-là, trop heureux de retomber dans l'obscurité d'où ils n'auroient jamais dû sortir, ne demanderont pas mieux que de se faire oublier. Mais il en est qui, armés de la distinction du personnage d'Euripide, diront d'après lui :

» J'ai juré de la langue et non pas de l'esprit ».

Ce sophisme, ou selon l'expression de Bayle, cette trahison des réticences mentales, ne sauroit leur servir d'excuse. Et *qui les forçoit* à se parjurer ? Qui les a *contraints* à prêter serment à l'Usurpateur ? Si leur langue seule a juré dans un temps où le Roi exigeoit le serment de l'*esprit*, ils sont au moins coupables d'un mensonge bien volontaire, qu'ils n'ont fait que pour conserver leurs honneurs, leurs grades, leurs émoluments, leurs places, leurs emplois, ou pour se ménager les moyens de servir plus efficacement la cause de leur ancien maître. Dans le premier cas, ce sont des ames vénales, inaccessibles à tout sentiment de probité, de désintéressement et de vertu, indignes par conséquent d'occuper la moindre place dans une

Monarchie fondée sur l'honneur. Dans le second cas, ce sont des monstres d'autant plus exécrables, que c'étoit sous un Trône de clémence et de paix, qu'ils entretenoient les feux d'un volcan qui naguere menaçoit le globe d'un embrasement universel. Que signifient d'ailleurs ces vaines distinctions, ces réticenses frivoles dont ils voudroient colorer l'horreur de leur parjure? Ignorent-ils, ces raisonneurs subtils, que nulle puissance sur la terre ne peut délier les sujets du serment de fidélité qu'ils ont prêté à un Prince, si ce n'est le Prince même qui l'a reçu? Buonaparte les avoit réellement déliés de celui qu'ils lui avoient prêté, et aucun *Buonapartiste* que je sache, n'oseroit rétorquer contre moi l'argument que je leur oppose ; car Louis XVIII., Souverain bien plus légitime que l'Exilé de l'Ile d'Elbe, ne les a point déliés à son tour. Il avoit quitté la France, me dira-t-on. L'avoit-il quittée quand l'Uusurpateur débarquoit à Cannes, quand il poursuivoit sa route à travers les montagnes de la Provence et du Dauphiné, quand il entroit à Grenoble, quand il séjournoit à Lyon et qu'il s'avançoit vers la capitale ? D'où vient cependant que tant de parjures se sont trouvés sur son passage, qu'ils sont allés au devant de lui, qu'ils ont manqué à leur parole, violé leurs promesses et trahi leurs serments? Ils ne devoient plus rien à Napoléon, et ils devoient tout à Louis. Il régnoit, il étoit encore en France, au sein du royaume, dans les murs de Paris. Cessa-t-il au moins de régner, d'être leur Roi, dès l'instant qu'il se fut retiré aux confins de ses états ? Les parjures furent-ils libres alors de revenir sur leurs serments, et ont-ils pu regarder le départ du Roi comme un abondon tacite de ses droits, comme une abdication de sa Couronne ? Mais s'il cessa de régner *de fait*, à qui faut-il que les français s'en prennent, si ce n'est à vous Généraux, Officiers, Soldats infideles, qui, par la plus infâme des trahisons, non seulement l'avez laissé sans défense, mais qui avez même tourné contre lui ces armes que vous aviez juré d'employer à son service. Vous lui faites donc un crime de ce qui fut votre ouvrage, et vous ne songez pas qu'il vous est impossible de vous disculper, à moins que vous ne proclamiez ce qui fait votre honte. Vous aurez beau vous débattre sous le poids de ce reproche : il vous presse, il vous accable, et vous ne pouvez y échapper. Si vous aviez gardé la foi jurée à Louis, Buonaparte n'eut point mis le pied sur le sol de la France, où vous l'eussiez bientôt purgé de sa présence. Prouvez-moi que le serment n'est point obligatoire, ou convenez que vous êtes des traîtres.

Il n'est pas, au reste, inutile de remettre sous les yeux des Officiers supérieurs qui ont

Violé le serment prêté à Louis XVIII, le discours que lui adressa en leur nom M. le Chevalier Allain, Colonel, Commandant de la Légion d'honneur, lors de leur présentation à S. M. le 16 Mai 1814. Le voici textuellement.

» SIRE,

» Organe des Colonels de l'armée, je viens dé-
» poser aux pieds du trône l'hommage *sincere*
» de leur respect et de leur admiration pour les
» hautes vertus de V. M. Les Colonels qui ont
» la faveur insigne de paroître devant V. M.
» ont passé par tous les grades pour arriver à
» celui qu'ils occupent ; tous ont apris à *obéir*
» avant de savoir commander, ce qui doit être
» pour V. M. un *gage sacré de leur obéissance*
» *et de leur dévouement à leur Souverain légitime*,
» *auquel ils JURENT une FIDÉLITÉ*
» *INVIOLABLE* ; ils feront plus encore,
» SIRE, ils reporteront *dans les rangs des*
» *Soldats* l'amour paternel que V. M. ne cesse
» de témoigner à sa *famille militaire* et le bien
» qu'elle désire leur faire, et ces Soldats s'écrie-
» ront encore avec nous : *Vive le pere de*
» *l'armée ! Vive notre Roi légitime !* »

Il faut convenir que le *pere de l'armée* a trouvé des enfants bien ingrats.

Et vous, non moins criminels que des chefs
séditieux

séditieux et des soldats rebelles, vous que la licence des camps, l'espoir du pillage, la fumée d'une gloire homicide, l'ivresse des conquêtes n'avoient pu dégrader ni éblouir, que direz-vous, Administrateurs, Magistrats parjures, qui puisse autoriser votre lâche conduite et laver la honte imprimée sur vos fronts coupables ? Ne pouviez-vous, plutôt que de trahir votre Souverain, quitter ces postes, ces places, ces emplois que vous teniez de sa munificence, ou dans lesquels il vous avoit maintenus sous la promesse solemnelle que vous lui aviez faite de votre inviolable fidélité ? Autant qu'il étoit en vous, vous avez coopéré au bouleversement de la patrie et favorisé le triomphe éphémere du tyran, les uns en prêchant la rebellion ou en l'aidant par toute sorte de moyens, les autres en la tolérant par un lâche silence, par défaut d'énergie, par l'oubli des devoirs les plus saints, ou en vous maintenant dans des places qui cessoient de vous honorer dès l'instant que vous ne les deviez plus qu'à une basse soumission. Le généreux dévouement de quelques - uns de vos collegues n'a pu vous arracher à votre égoïsme. La soif des honneurs et des richesses vous a rendus insensibles à la gloire d'une belle action, et la crainte de perdre vos places l'a emporté dans vos cœurs sur celle de violer votre serment ; vous avez pactisé avec vos

B

consciences, vous avez prêté serment à Buonaparte, vous livrant ainsi à un opprobre éternel pour une représentation de trois mois.

Ni la force, ni la violence, ni la crainte, autre que celle dont je viens de parler, n'ont commandé le parjure de ces hommes corrompus ou pusillanimes, comme elles n'entrerent pour rien dans le serment de fidélité qu'ils avoient fait au Roi. Ils ne peuvent donc en exciper pour se soustraire au blâme des gens de bien. Oseroieut-ils mettre cette excuse en avant, contre toute vérité, je leur répondrois avec Montaigne que je cite volontiers :

» Il y a des regles en philosophie et fausses » et molles. L'exemple qu'on nous propose pour » faire valoir l'autorité privée à la foi donnée, » ne reçoit pas assez de poids par la circonstance » qu'ils y mêlent. Des voleurs vous ont pris, ils » vous ont remis en liberté, ayant tiré de vous » *serment* du paiement de certaine somme. On a » tort de dire qu'un homme de bien sera quitte » de sa foi, sans payer, étant hors de leurs » mains ; il n'en est rien. Ce que la crainte m'a » fait une fois vouloir, je suis tenu de le vouloir » encore sans crainte : et quand elle n'aura forcé que » ma langue, sans la volonté, encore suis-je tenu » de faire la maille bonne de ma parole. Pour moi, » quand par fois elle a inconsidérément dévancé ma » pensée, j'ai fait conscience de la désavouer

» pourtant. Autrement de degré en degré, nous
» viendrons à abolir tout le droit qu'un tiers
» prend de nos promesses. *Quasi verò forti viro*
» *vis possit adhiberi* ».

Écoutons encore Cicéron défendant l'action héroïque de Régulus.

» On dit que Régulus n'a pas dû craindre la
» colere de Jupiter, puisque Jupiter n'est capable
» ni d'entrer en colere ni de faire aucun mal à
» personne. Mais en premier lieu, cela n'a pas plus
» de force contre le serment de ce grand homme,
» que contre tout autre. D'ailleurs, ce qu'on doit
» considérer dans le serment, et ce qui doit le
» faire garder, ce n'est pas la crainte d'être puni
» si l'on y manquoit ; c'est sa force et sa sainteté.
» Car le *serment* est une affirmation religieuse.
» Or, ce qu'on affirme de cette sorte, et dont
» on prend Dieu même à témoin, il faut le tenir,
» non par la crainte de la colere des Dieux,
» puisqu'ils n'ont jamais de colere, mais par
» respect pour la foi donnée, cette foi dont Ennius
» a dit ce beau mot : *ô sainte et divine foi,*
» *par qui Jupiter même jure, que vous êtes digne*
» *d'être placée au plus haut des temples !* Qui-
» conque viole son serment, viole donc cette foi
» si sainte, dont nos peres, comme Caton le
» remarque dans une de ses harangues, ont placé
» la statue dans le Capitole, tout auprès de celle

» de Jupiter. . . . .

» . . . .

» Mais disent ceux qui blâment l'action de Régulus,
» le serment qu'il avoit fait, n'étoit de nulle con-
» sidération , puisqu'on le lui avoit arraché par
» force , comme si la force pouvoit quelque chose
» sur un grand cœur. . . . .
» . . . . Dans toute la conduite de
» ce grand homme, il n'y a donc rien de plus
» beau ni de plus admirable que d'avoir opiné
» à ne pas rendre les prisonniers. Car d'être
» retourné chez les ennemis , cela nous paroît
» admirable présentement; mais en ce temps-là,
» il ne pouvoit s'en dispenser, et c'est le siecle
» qu'il en faut louer plutôt que l'homme. Car
» nos peres ont toujours regardé le serment,
» comme le plus inviolable de tous les liens par
» où on peut serrer les hommes, et les obliger à
» se garder la foi les uns aux autres. C'est ce qui
» se voit par la loi des douze tables, et par celles
» qu'on appelle sacrées ; par l'exactitude religieuse
» avec laquelle on observoit les traités faits avec
» les ennemis, et enfin par les animadversions
» des censeurs, qui ne punissoient rien si rigou-
» reusement que l'infraction du serment (1) ».

Les parjures à Louis XVIII resteroient donc

***

(1) Offices de Cicéron, liv. 3 , chap. 32. Traduction de
M. du Bois , de l'Académie française.

sans excuse, lors même qu'ils n'auroient cédé qu'à la violence qu'auroit exercée envers eux ce bon Roi qui avoit *tout oublié* et *tout appris* à l'école de l'adversité. Mais il s'en faut de beaucoup que leur serment ait été commandé par la force. Il fut *libre* et *volontaire* de leur part. Leurs discours, leurs adresses, leur conduite ultérieure à leur trahison, tout, en un mot, en fait foi.

Ils n'ignorent point, les infracteurs de la foi jurée, qu'en France, comme par-tout ailleurs, le parjure a toujours été regardé comme un crime, et que, lors même que la peine prononcée contre le parjure est légere et qu'elle n'emporte pas infamie de droit, il y a toujours au moins infamie de fait, qui fait perdre au parjure la confiance des gens d'honneur, et l'exclut de toute dignité. Les Capitulaires de Charlemagne et de Louis-le-débonnaire condamnent le parjure à avoir la main droite coupée (1). Par l'ancienne coutume de Bretagne, un parjure étoit condamné à perdre tous ses biens meubles, et ils étoient adjugés au Seigneur (2); et si c'étoit un Officier qui eut commis ce crime, il étoit déclaré infâme et incapable de toutes fonctions publiques (3).

____

(1) Propter perjurium quod commisit, dextera manus amputetur. Capitul.

(2) Art. 59.

(3) Ibid., art. 40.

Le Roi ne sauroit donc être taxé de sévérité, et moins encore d'injustice, en punissant ces grands coupables, ces sujets félons qui l'ont abandonné ou trahi. Si sa clémence leur fait grace de la vie, sa justice doit au moins leur enlever à jamais le pouvoir de lui nuire, en les dépouillant de ces dignités, de ces places dont sa trop facile bonté les avoit pourvus. La Patrie, dont le salut seroit compromis intervient ici pour armer la main du Monarque. Xénophon nous apprend que le manque de bonne foi fut une des causes du renversement des mœurs parmi les Perses, et de la destruction de leur empire. La France a vu déja ses mœurs renversées par le débordement de tous les crimes et le déchaînement des passions les plus viles. Sa destruction suivroit de près la perte des mœurs, si le parjure, si la mauvaise foi pouvoient compter encore sur l'espoir du pardon. L'esprit public est amorti en France, j'ai presque dit anéanti. L'honneur et la vertu, ces divinités de nos ancêtres, comme elles le furent des anciens Romains, n'ont plus d'autels parmi nous; et si le Roi concevoit le projet de leur bâtir un temple, il ne recevroit point de ses Ministres la réponse que firent les Prêtres de Rome à Marcus-Claudius-Marcellus, qui les consultoit pour le même dessein (1)

---

(1) » Marcus-Claudius-Marcellus, ayant dessein de bâtir
» un temple à l'honneur et à la vertu, consulta les Prêtres

Il faut donc rallumer ce double flambeau près de s'éteindre ; et pour réussir dans cette noble entreprise, les parjures doivent être livrés au mépris public, déclarés infâmes et incapables de tout emploi.

Alors, sans doute, renaîtront en France ces jours illustrés par mille traits héroïques, par une fidélité sans bornes, par un dévouement inaltérable ; ces beaux jours où le guerrier, le magistrat et le citoyen, rivalisant de respect pour leur Dieu et d'amour pour leur Roi, surmontoient tous les obstacles, bravoient tous les dangers, se dévouoient même à la mort, plutôt que de manquer à la foi jurée, et de ternir par une lâche action la gloire de leur vie entiere. Alors aussi renaîtra cette confiance honorable que nos ennemis mêmes ont

---

» sur son entreprise. Ils lui répondirent qu'un seul temple
» seroit trop petit pour deux si grandes divinités ; Marcellus
» fit construire deux temples, voisins l'un de l'autre, et
» bâtis de maniere qu'il falloit passer par celui de la vertu,
» pour arriver à celui de l'honneur. Idée grande et noble,
» et digne du vainqueur de Syracuse, On sacrifioit à l'honneur
» la tête découverte ».

Il ne faut point conclure de ce que je dis touchant le projet que je prête un instant au Roi, qu'il n'y ait ni honneur ni vertu en France. Loin de moi une telle pensée qui nous rendroit trop méprisables à nos propres yeux. Ce ne sont point les citoyens vertueux, les sujets fideles qui manqueront au Roi. L'essentiel pour lui est de les distinguer dans la foule où ils sont perdus.

eue jadis en la sainteté de nos promesses. La foi punique bannie du milieu de nous , nous redeviendrons un grand peuple , modele d'honneur et de vertu, l'admiration de nos voisins, la force et l'orgueil de nos Rois. Nous verrons encore revivre ces temps où l'ascendant d'une grande renommée forçoit le Gouverneur de Rendon à venir déposer sur le cercueil de Duguesclin les clefs de la place qu'il avoit promis de lui rendre peu de jours avant sa mort. Trait sublime, qui illustre à-la-fois et le chef qui le trouva dans son cœur, et le grand homme qui en fut l'objet.

J'ai entendu de ces parjures de bonne foi (il en est qui se disent tels), puiser la justification de leur conduite dans ces paroles de J. C. : *rendez à César ce qui appartient à César*. Rien de mieux établi que le précepte ; et pour qu'on ne m'accuse point de chercher à en déguiser l'étendue, j'ajouterai que TIBERE régnoit quand l'Homme - Dieu s'exprimoit ainsi. Mais passant du précepte à la conséquence que les infracteurs de la foi promise à LOUIS XVIII vouloient en tirer en faveur de Buonaparte, je leur demanderai quel étoit en mars dernier le CÉSAR de la France, et ensuite si par les paroles de J. C., appliquées à l'Usurpateur, on peut raisonnablement entendre autre chose qu'une soumission nécessitée par les circonstances, et une obéissance purement passive.

Établissons d'abord les faits. Le Sénat avoit prononcé la déchéance de Napoléon, et la France entiere avoit applaudi à cette mesure. Il avoit abdiqué pour lui et ses descendants. Un traité suivit sa renonciation au trône ; il délia le peuple et l'armée du serment de fidélité ; il se retira à l'Ile d'Elbe, emmenant avec lui ceux qui voulurent partager son sort. En un mot, il cessa d'être Empereur des français, et Louis, rentrant dans l'héritage de ses peres, s'assit sur le trône d'Henri IV, où l'appellerent l'amour de ses sujets et les droits de sa famille. Libres de regarder l'abdication de Buonaparte comme un acte arraché par la force et la violence, ses partisans, qui ne se seroient pas crus dégagés de la foi qu'ils lui avoient jurée, n'avoient qu'à quitter les postes, les places, les grades, les emplois qu'ils occupoient en son nom, puisque rien ne les contraignoit à les garder à l'aide d'une trahison. Mais dès l'instant qu'ils préférerent l'éclat d'un poste brillant ou les revenus d'une place lucrative, à la gloire de rester fideles à Napoléon ; dès l'instant que, reconnoissant Louis XVIII pour leur Souverain légitime, ils lui jurerent amour, soumission, obéissance et fidélité, ils contracrerent envers lui un engagement sacré ; ils se lierent à sa cause d'un nœud indissoluble, que *lui seul* avoit le pouvoir de rompre. Louis XVIII enfin, devint pour eux le seul Roi, le César de la France.

Ainsi le précepte divin dont ils ont prétendu légitimer leur parjure, ou le nouveau serment prêté à Buonaparte, loin de leur être du moindre secours, les condamne sans restriction. Ils auroient quelque raison de s'en prévaloir, si le Roi, à l'exemple de l'Usurpateur, les avoit déliés de leur serment ; d'où il suit que les parjures, au nom de J. C., forcés dans leurs derniers retranchements, sont tenus de se taire ou de confesser leur crime (1).

____

(1) Je sais que le dictionnaire de l'Académie en main, quelques personnes intéressées à repousser les coups que je porte aux parjures, pourroient me répondre qu'on ne peut flétrir de ce nom que ceux qui ont violé leur serment ; et que, par conséquent, les justes reproches que je fais aux parjures, ne sauroient retomber sur elles, puisque aucun serment proprement dit, ne les lioit au Roi. Mais cette subtilité grammaticale ne peut les sauver de l'anathême. Car si elles n'ont pas prêté serment de fidélité au Roi, en levant la main et en consignant cette formule dans un procès-verbal, elles ont fait des adresses au Monarque, où se lisent les assurances les plus positives de leur amour, de leur dévouement et de leur fidélité à sa personne sacrée. Elles ont arboré la cocarde blanche, sollicité et obtenu la décoration du lis, reçu des croix, une augmentation de titres, rendu la justice au nom de S. M., visité et complimenté des Princes du sang, et donné enfin toutes les preuves extérieures d'une fidélité inviolable. Mettons donc le dictionnaire de côté, et concluons avec la conscience de ces dialecticiens de mauvaise foi, qu'on peut être *parjure* sans avoir *prêté un serment*. Ainsi raisonne également Hobbes dans son *traité du citoyen*, lorsqu'il établit que le serment n'ajoute rien à

Il y auroit de la folie, j'en conviens ; à pré-
tendre que le devoir des français que la force
retenoit enchaînés, étoit de se révolter contre
l'audacieux Tyran qui venoit de ressaisir pour
quelques jours un sceptre qu'il avoit quitté. Le
départ du Roi, sa volonté, la capitulation d'un
Prince du sang, tout sembloit commander la soumission au nouvel ordre de choses. Buonaparte
vous a défendu de porter la cocarde blanche :
obéissez. Il a supprimé la décoration du lis et les
ordres royaux : soumettez-vous. Il a annullé des
nominations à certains grades, à certaines places :
Officiers, Magistrats crées par Louis XVIII,
quittez l'épée et la toge ; cédez à la force et à
la volonté du Despote, votre sacrifice ne sera que
momentané. Des cris de vive l'Empereur se font
entendre, des vociférations contre les Bourbons
viennent fatiguer votre oreille et déchirer vos cœurs :

---

l'obligation qui naît de la convention à laquelle on se joint.
Jusjurandum nihil supperaddit obligationi quæ est ex pacto. Cap.
II, §. 22.

Il y a plus. Tel qui persisteroit à soutenir, malgré
l'évidence, que celui-là seul est *parjure* qui a violé le serment
de fidélité prêté à Louis XVIII, demeurera au moins con-
vaincu de *parjure* envers Buonaparte ; et comme le *parjure*
est un crime, n'importe à l'égard de qui l'on s'en rend cou-
pable, tout ce que je dis contre les infracteurs de la foi
jurée, les regarde personnellement ; en sorte que, selon
l'expression de Madame Dacier, *ma remarque subsiste.*

détournez-vous et gémissez en silence ; obéissez, soumettez-vous enfin à tout ce qu'il vous est impossible d'empêcher, et n'opposez point aux ordres de l'Usurpateur une résistance inutile qui, sans servir à la bonne cause, peut compromettre votre liberté, votre vie, et le repos de vos concitoyens. Mais s'agit-il de conserver vos dignités, vos grades, vos places, vos emplois, par la violation du serment que vous avez prêté à votre Souverain légitime, il n'y a pas à balancer : démettez-vous et restez fideles. Ne prêtez point de nouveau serment à celui que la trahison seule a remis sur le trône : ne voyez plus en lui un *César*, mais ce qu'il est en effet, un chef de parti, l'âme d'une conspiration militaire. Par ce moyen vous concilierez en même temps et ce que vous devez au Monarque qui a reçu vos serments, et ce que vous commandent la religion et la politique. Ainsi vous remplirez le précepte : *rendez à César ce qui appartient à César.*

Saint-Paul a pareillement prêché l'obéissance aux puissances de la terre. Nulle part il n'a prêché le parjure, et c'est uniquement de ce crime qu'il s'agit ici. » Obéir aux Puissances, dit J. J. Rousseau » (1). Si cela veut dire, cédez à la force, le » précepte est bon, mais superflu ; je réponds

____

(1) Contr. soc.

» qu'il ne sera jamais violé. Toute puissance vient
» de Dieu, je l'avoue ; mais toute maladie en
» vient aussi. Est-ce à dire qu'il soit défendu
» d'appeler le Médecin ? Qu'un brigand me sur-
» prenne au coin d'un bois ; non seulement il faut
» par force donner la bourse, mais quand je
» pourrois la soustraire, suis-je en conscience
» obligé de la donner ? Car enfin, le pistolet qu'il
» tient est aussi une puissance.

» Convenons donc que *force* ne fait pas *droit*,
» et qu'on n'est obligé d'obéir qu'aux Puissances
» légitimes ».

Mais j'oublie que je parle à des hommes qui
se jouent pour la plûpart (1) de ce que la Religion a de plus saint, de ce que l'honneur et
la vertu ont de plus auguste ; à des hommes sans
principes positifs, que vingt-cinq ans de révolution
ont corrompu ; à des hommes pervers qui ont ca-
ressé tous les partis, adoré toutes les idoles, qui
n'ont qu'un Dieu, l'OR, qu'une politique, celle

______

(1) Cette restriction doit satisfaire ceux que la foiblesse
ou l'ignorance seules ont fait succomber, ceux même qui *sont
allés trop vîte* ; ils ne sont pas, à la vérité, exempts de
reproche. Plusieurs ont consulté des Théologiens, pour savoir
s'ils pouvoient en conscience prêter serment à Buonaparte.
A ceux-là je leur rappellerai la maxime de Confucius : *dans
le doute, abstiens-toi* ; et aux Ministres de la religion qui les
ont dirigés : vous êtes de mauvais casuistes, qui auriez vous-
mêmes besoin de conseil.

du moment, qu'une ambition, celle de parvenir, et qui dresseroient des autels à la peste, si elle distribuoit des places et des pensions. A la tribune de la convention ou dans les sociétés populaires, ils vantoient *le patriotisme* de Marat et *l'incorruptibilité* de Robespierre, ils valetoient dans l'antichambre des Directeurs, se courboient devant les Consuls, plioient le genou devant l'Empereur, et se prosternoient aux pieds du Roi, qu'ils encenseroient encore après l'avoir trahi, s'il avoit la foiblesse de se fier à eux.

Voilà tout le secret de leur conduite, le mobile de leurs actions, la valeur de leur conscience. PRIMER ET S'ENRICHIR, telle est leur devise ; elle est courte, mais fort exacte. Quant aux moyens, ils sont indifférents : tous sont bons dès qu'ils réussissent.

Je viens de faire sentir l'horreur du parjure ; j'ai démontré la sainteté du serment et l'étendue des devoirs qu'il renferme ; j'ai prouvé que les infracteurs de la foi jurée à Louis XVIII sont sans excuse, et j'ai porté jusqu'à l'évidence la nécessité de les exclure de toute dignité, de tous grades et de toutes fonctions publiques. Je passe maintenant aux *adresses*, dont l'usage s'est établi en France depuis plusieurs années.

DES ADRESSES.

Il semble, au premier abord, que les Adresses des Corps constitués et des Corps militaires, des Cours, des Tribunaux du royaume, de l'Ordre des Avocats, des Chambres des Notaires et des Avoués, des Universités, des Administrations, des Facultés de droit et de Médecine, etc. etc., sont dictées par la vérité et contiennent l'expression non équivoque des sentiments de leurs Membres. Rien n'est pourtant plus erroné que cette conséquence, et nous n'aurions pas même besoin de la preuve récente de leur fausseté, pour demeurer convaincus que les *Adresses*, en général, ne sont autre chose que des amplifications de rhétorique, qu'un texte au mensonge, et un piege tendu à l'amour-propre, à la bonne foi ou à la crédulité de ceux qui en sont l'objet. C'est pour me servir de l'expression familiere d'un Magistrat, *une selle à tout cheval*, ou plus noblement, une sorte d'épitre dédicatoire, où il n'y a que les noms et la date à changer. Celles que le Roi reçut de toute part à l'époque de sa restauration, étoient sans doute méritées et vraies, dans ce seul sens qu'elles disoient des choses vraies; car les signataires mentoient en les donnant pour telles (1).

____

(1) Ce reproche, fondé en général, reçoit des exceptions

Celles qu'il vient de recevoir, comme celles qu'il recevra encore, présenteront le même caractere de vérité et de mensonge, jusqu'à ce que, par l'expulsion des parjures et leur remplacement par des hommes dévoués à sa cause, il ait établi un rapport intime entre le contenu des *Adresses* et les sentiments des signataires.

Il seroit vraiment curieux de faire le rapprochement des *Adresses* aux divers Gouvernements qui se sont succédés en France depuis vingt-cinq ans, en prenant le soin de faire remarquer, que tels et tels individus dont le nom figure au bas de la premiere, se retrouvent sans interruption au bas de la derniere datée d'hier. Je ne parle pas même de celles qui venoient toutes faites des bureaux du ministere, et que des esclaves subalternes avoient la bassesse de copier mot-à-mot et de renvoyer au DIEU après les avoir signées. Je me renferme dans celles que l'idole du jour recevoit directement du fond des Provinces, et qui n'étoient que le résultat d'une délibération réfléchie. Quels contrastes ! Quelles disparates ! Aujourd'hui l'on élevoit aux nues les hommes qu'on traînoit demain dans la boue. Tant qu'ils étoient puissants, c'étoient les Anges tutélaires de la France, les Sauveurs de

---

én particulier, et tel qui auroit le droit de s'en offenser, trouvera dans cette note de quoi se rassurer sur mes intentions.

la

la Patrie, des Héros, des grands hommes, des Dieux. Tomboient-ils, accablés par une faction opposée ? ce n'étoit plus que des ennemis de la chose publique, de vils scélérats, des aventuriers, des brigands condamnés d'avance à la déportation, aux fers ou à la mort. Les brigands relevoient-ils leur parti ? Nouvelles Adresses, nouvelles protestations d'amour, de reconnoissance et de fidélité ; nouveaux hommages, nouvelles flagorneries, nouveaux mensonges, et toujours la même marche, la même manœuvre, la même impudence. Remarquons, en passant, que le peuple, qui n'est ordinairement pour rien dans ces bouleversements politiques, est sans cesse mis en avant dans les Adresses de ses prétendus peres. C'est toujours de son bonheur qu'on excipe ; c'est de son dévouement qu'on se fait l'organe, de ses sentiments qu'on est l'interprête. Est-il muet ? on le fait parler. Parle-t-il ? On lui prête un langage tout opposé. Neuf à dix Membres s'assemblent en secret ; ils déliberent, méditent, rédigent une *Adresse*, la signent, font un pli, le jettent à la poste ; et dans une vingtaine de jours, le *Moniteur* annonce à toute l'Europe, que vingt mille citoyens, *qui n'ont pas été consultés*, protestent de leur amour au Gouvernement qu'ils *abhorrent*, et sont prêts à faire pour son maintien le sacrifice de leur fortune et de leur vie.

Passant de la proposition à la preuve, j'étois d'abord tenté de faire le rapprochement dont j'ai parlé ; mais outre que ce travail me meneroit trop loin, j'ai réfléchi que les lecteurs curieux de ces sortes de disparates, peuvent aisément se satisfaire en compulsant les journaux où ces Adresses sont consignées. Je me bornerai donc à un seul exemple, et je le puiserai au déclin du Gouvernement impérial, et à l'aurore du nouveau regne des Bourbons. Voici donc ces deux pieces telles que je les ai extraites du Moniteur : *ab unâ disce omnes.*

*ADRESSE du Corps Municipal, au nom de la ville de *** à Napoléon.*

SIRE,

Le repos du monde devoit être le fruit de vos triomphes ; les élémens conjurés en ont suspendu le cours.

Mais le peuple *qui met aujourd'hui sa gloire à vous obéir,* ne s'est jamais montré plus grand que dans ces vicissitudes où la fortune quelquefois voulut éprouver sa constance. *Il ne démentira point les*

ADRESSE du Corps Municipal, au nom de la ville de *** à LOUIS XVIII.

SIRE,

Le peuple français, en se rangeant sous l'étendard de la royauté, avec un accord si unanime et si touchant, montre assez qu'aucuns malheurs n'avoient pu affoiblir son amour pour le sang de ses Rois, et qu'au sein de nos calamités, les droits de votre auguste Maison vivoient inaltérables dans tous les cœurs.

sentiments sublimes dont il a hérité de ses peres.

De toutes parts une jeunesse belliqueuse se rassemble et brûle d'entourer votre trône, votre personne sacrée, et l'illustre rejeton à qui sont attachées de si hautes destinées; elle brûle de voler sous les drapeaux de V. M.

Que vos ennemis observent en frémissant cette universelle émulation de dévouement et de sacrifices, *ce patriotisme, cet enthousiasme,* qui de tant de peuples divers soumis à votre empire, ne composent qu'une famille . . . . qu'ils sachent qu'*il n'y a pas un français qui ne versât jusqu'à la derniere goutte de son sang* pour défendre la gloire de son Monarque et de son auguste dynastie . . . .

C'est avec un attendrissement religieux, SIRE, *que la ville de *** après tant d'infortunes, revoit le fils de St.-Louis rendu aux vœux des français, au trône de ses ancêtres. Il n'est point de plaies que ne cicatrise un bonheur si grand, point de souvenirs qu'il n'efface. Et quelle cité pourroit s'abandonner avec plus de transport à ce sentiment, que celle qui, aux premiers jours de nos révolutions et dans les malheurs....., scella du plus pur de son sang, et du sacrifice de toutes ses richesses, son attachement* à la plus sainte des causes; *que celle qui, avant de connoître les grands desseins de vos puissants alliés, et les résolutions à jamais mémorables du Gouvernement provisoire, s'est hâtée de* jurer une

Né dans nos murs, l'escadron *** s'honorera de porter dans les camps, comme dans les cités cet *amour* pour la personne de V. M., cette *fidélité*, ce dévouement dont *nous sommes glorieux* d'avoir *les premiers* donné l'exemple aux français.

Tout est *libre* et *pur* dans cet hommage. Dans d'autres contrées ce sont des sujets qui parlent à leur Roi ; en France, et surtout dans votre bonne ville de *** *ce sont des enfants qui parlent à leur pere* ; oui Sire, à leur pere, les citoyens de *** s'enorgueillissent de *tout* devoir aux bienfaits de V. M. Pourquoi n'adopteroit-elle pas *cent mille cœurs* qui ne respirent que pour sa prospérité, son bonheur et sa gloire ?

Daignez, Sire, ect.

seconde fois de vivre sous vos lois, ou de s'ensevelir sous ses ruines (1).

Ce bon, ce magnanime Henri, l'amour et l'orgueil de nos peres, se plaisoit à honorer la fidélité *de notre ville du titre glorieux de* sa bonne ville de ***

Héritiers de leurs sentiments, *nous retrouverons un autre Henri dans le cœur comme dans les vertus de V. M.*

____

(1) *** n'a opposé aucune résistance à l'entrée de Buonaparte, et UN SEUL de ses citoyens eut le noble courage d'escorter le Comte d'Artois lorsqu'il se retira de ses murs. Que le Roi rapproche cette conduite de la phrase qui a donné lieu à cette note, et qu'il juge, après cela, de la véracité des *Adresses* que rédigent des hommes de tous les partis.

Je n'ignore point ce que le rédacteur et les signataires de ces deux Adresses auroient à me répondre,
pour justifier l'une et l'autre. Mais comme la religion et la morale m'enseignent une doctrine tout
opposée à leur façon de penser et d'agir, et qu'il
n'y a point de prescription contre cette doctrine,
je persiste à soutenir qu'un homme en place,
quelle que soit son opinion, ne doit jamais rien
écrire contre sa conscience ; car je fais plus de
cas du républicain intraitable qui n'a jamais voulu
accepter des pensions de *César*, que de celui
qui a endossé plusieurs livrées, pris cent masques
différents, et reçu de l'argent de toutes mains.
Le premier peut être un citoyen égaré, mais il
est estimable, au lieu que le second, sans principes sûrs, et par conséquent sans vertu, est le
fléau et l'opprobre de tous les partis.

---

*Une feuille détachée du manuscrit, et qui s'étoit
égarée, n'ayant été retrouvée que pendant l'im-
pression de l'ouvrage, l'Auteur se voit forcé
de la rétablir ici. Elle se rapporte à la fin du
second* alinéa *de la page* 30, *après ces mots :*
» *Quant aux moyens, ils sont indifférents :*
» *tous sont bons, dès qu'ils réussissent* ».

Il me reste à dire un mot de ceux qui, n'étant
liés à Louis XVIII par aucun engagement par-

ticulier ; et lui paroissant néanmoins dévoués dans leur vie privée , ont accepté des places , salariées ou non , sous le nouveau regne de l'Usurpateur , ce qui les a forcés à lui prêter serment de fidélité et à faire exécuter ses ordres. Ou je me trompe fort , ou leur conduite mérite le blâme ; non qu'elle ne soit louable par le mal qu'ils ont empêché , ou par le bien qu'ils ont pu faire , mais parce qu'ils ont donné un mauvais exemple aux amis de la Monarchie. Il est , en effet , bien difficile, pour ne pas dire impossible, d'allier leur serment à l'amour qu'ils témoignoient à leur Prince légitime , et au désir de son retour. Entourer le Tyran de ce que la France possede de gens de bien , et d'hommes éclairés , c'est chercher à consolider son empire , c'est laisser entrevoir que les BOURBONS ne sont pas dignes de nous gouverner, c'est donner une sorte de démenti à leurs partisans ; c'est presque consacrer le parjure, la trahison , et faire cause commune avec les rebelles. De telles conséquences sont trop dange-reuses , pour qu'on puisse s'excuser sur l'intention.

Que mes lecteurs fassent pour un moment abs-traction des individus ; et que sourds à toute autre voix qu'à celle de leur conscience , ils se demandent , si , avec le violent amour que je leur suppose pour le descendant de S.t-Louis , et la haine la plus légitime contre le Néron de la France , ils accepteroient de ce dernier une place, dont l'exécrable ministere seroit de servir ses abominables projets ? Je les vois tous reculer d'horreur à la seule idée d'un pareil affront. En effet, l'on a d'un côté une réputation intacte à défendre, de l'autre des devoirs odieux à remplir; car pour l'homme vertueux, le serment n'est pas un mot vide de sens. On éprouve le désir de faire le bien, et l'on voit l'impossibilité d'arrêter le mal. Il est difficile de vaincre son aversion pour les exécuteurs des ordres du Tyran, et l'on ne peut se soustraire à la dure nécessité de *fraterniser* avec eux. La place que l'on vient d'accepter vous force de reconnoître une légitimité de Pouvoir dont on accuse intérieurement la monstrueuse illégalité. Il n'est pas enfin, un seul acte, une seule démarche, une seule pensée de votre vie politique, qui ne soit un combat perpétuel entre votre conscience et les devoirs que vous vous êtes imposés. Tout est fausseté, parjure, mensonge ou inconséquence dans ce que vous faites, dans ce que vous dites. Le vrai Royaliste n'ose vous aborder : votre présence le contrarie, le gêne. Le Buonapartiste, fier de vous voir enrôlé sous sa baniere, ou vous assomme de compliments, ou improuve votre *modérantisme*. L'égoïste seul est entiérement satisfait, parce qu'à l'abri de votre autorité mitigée, il a moins de dangers à courir, moins de privations à supporter. Aussi fera-t-il sonner bien haut votre héroïque dévouement à la tranquilité publique. De glace pour les principes, il sera tout de feu pour les conséquences ; car elles le touchent de près, et il n'a rien à démêler avec les principes. Que lui importe que LOUIS XVIII, aujourd'hui retiré à Gand, ait rendu l'ordonnance du 6 mars dernier ? En quoi peuvent le blesser l'invasion de Buonaparte et la lutte sanglante qui se prépare ? Voit-il dans le monde autre chose que lui ; et ne faut-il pas qu'il se réjouisse de ce qu'un homme de bien a consenti à se charger du soin de son repos, repos précieux, qui se trouveroit peut-être compromis sous le despotisme d'un autre ? Égoïstes ! votre raisonnement seroit aussi le mien, si, comme vous, j'étois indifférent sur les principes. Mais permettez que je vous dise, que si votre morale s'accréditoit parmi les honnêtes gens, Buonaparte et la tyrannie avec lui, peseroient sur l'Europe et la France pendant des siecles, car il seroit invincible, soutenu d'un côté par la force morale de l'opinion, et de l'autre par celle de ses armées. Au demeurant, je donne ma voix pour qu'on décerne des couronnes civiques aux citoyens qui se sont immolés au bien-être de leurs administrés, en acceptant des places des mains de l'Usurpateur. Mais qu'il ne soit plus question de principes : je ne compose point avec eux.

F I N.

E R R A T A.

Page 27, premiere ligne de la note ; au lieu de se, *lisez* le.

Ibid., seconde ligne ; au lieu de *supperaddit,* lisez *superaddit.*

Page 31, ligne 21 ; au lieu de sa, *lisez* la.